À pas de géant

33 comptines et chansons

Direction musicale : Yves Prual et François Barré
Illustrations : Christian Voltz

À ma mère, qui nous a chanté la vie.
Y. Prual

À Salomé, ma petite fille.
C. Voltz

Sommaire

Préface (Chantal Grosléziat) — p. 6
Enroulez le fil — p. 12 CD 1
Les ours bulles (Laurent Jouin) — p. 13 CD 2
Petite cacahuète (Ricet Barrier) — p. 14 CD 3
Bonjour, ma cousine — p. 16 CD 4
En bateau ma mie — p. 18 CD 5
Tu m'aimes ? — p. 18 CD 6
À la une, dans la lune — p. 19 CD 7
Les sons du corps (Henri Copin, Henri Philibert, François Barré) — p. 20 CD 8
Promenons-nous dans les bois — p. 22 CD 9
Le bœuf — p. 25 CD 10
Ah hue, ah hue — p. 25 CD 11
À la danse — p. 26 CD 12
La polka des bébés (Yves Prual) — p. 27 CD 13
Jean Petit — p. 29 CD 14
Bisouillé chatouillé (Chantal Grimm) — p. 30 CD 15
Œil coquin — p. 31 CD 16
Tape, tape, tape (Olivier Lataste) — p. 32 CD 17
Un petit pouce qui danse — p. 35 CD 18
Trampolino (Pierre Lozère) — p. 36 CD 19
Tourterelle (Steve Waring) — p. 38 CD 20
Tape, tape, ma commère — p. 40 CD 21
Poucet — p. 41 CD 22
Poucerote — p. 41 CD 22
Mains sur le cœur (Pierre Chêne) — p. 42 CD 23
Il était une bergère — p. 45 CD 24
Trois microbes (Jean-Louis Vanham, François Barré) — p. 46 CD 25
La chanson des dents de lait (Renée Mayoud) — p. 48 CD 26
Cinq petites souris — p. 48 CD 27
Marionnettes (Marie-Claude Clerval) — p. 50 CD 28
Mon âne — p. 52 CD 29
Une aiguille, je te pique — p. 54 CD 30
Alouette — p. 55 CD 31
P'tit bonhomme (Les Rondines, Nadège Duriez) — p. 56 CD 32

Préface

Il était une bergère
Qui allait au marché.
Elle portait sur sa tête
Trois pommes dans un panier.
Les pommes faisaient rouli, roula.
Les pommes faisaient rouli, roula.
Stop !
Trois pas en avant, trois pas en arrière,
Trois pas sur l'côté, trois pas d'l'aut' côté.

Il était une...

Qui résisterait à l'envie de continuer cette chanson à tue-tête, en mimant la bergère à travers la cour de l'école, et en entraînant au passage quelques moutons égarés ? Le temps d'une comptine, l'espace devient un terrain d'aventure où l'imaginaire est roi.

Définie comme une « formule enfantine, chantée ou parlée, servant à désigner celui à qui sera attribué un rôle particulier dans un jeu »[1], la comptine s'est peu à peu affranchie de cette fonction pour désigner aujourd'hui, de façon plus générale, un texte court et bien rythmé, qui allie narration et poésie et joue un rôle d'interface entre la découverte du corps, de la musique et du langage. Dans les cours de récréation, les ploufs, les jeux dansés ou frappés dans les mains rivalisent avec les chansons populaires remises au goût du jour. À la crèche ou à la maison, ce sont les jeux de doigts et de mains, chansons à gestes ou à onomatopées qui ponctuent la journée, comme autant de rituels partagés entre les adultes et les enfants. Ce nouveau livre-CD, imaginé par Yves Prual et François Barré, aborde avec fraîcheur et vitalité toutes les formes de jeux chantés que les enfants découvrent au cours de leurs premières années, jusqu'à devenir à leur tour suffisamment grands pour se révéler poètes ou musiciens. Quel plus bel exemple d'une tradition universelle et d'une identité collective que cette sélection de morceaux toniques et tendres, qui permet à chaque enfant de s'exprimer et de se construire... à pas de géant !

Comptines et jeux de doigts : à la découverte du corps

Arrimée au corps comme une voile à son mat, la comptine est d'abord pour l'enfant une source de découverte et d'exploration de son propre corps. Celles-ci passent par les jeux de souffle, de tension et de détente musculaires, d'onomatopées, de rythmes, de placement de la voix et de mise en résonance. Et elles commencent dès que les parents s'adressent au nouveau-né d'une voix chantante, s'adaptant à son regard, ses mimiques, aux mouvements de ses bras ou de ses pieds... Les comptines font écho à son développement, en même temps qu'elles lui permettent, très vite, de se sentir acteur.

Les jeux de doigts et de visage, les chansons à gestes, les jeux de balancement, sauteuses ou berceuses sont bel et bien créateurs de relation : relation affective bien sûr, mais aussi relation du corps au monde. L'index caresse le tour du visage ou chatouille le creux de la main, le pouce part en voyage en sautillant, le petit doigt a bien du chagrin ou joue au petit malin, et l'annulaire ? C'est papa ou maman qui apparaissent et disparaissent.

Poucet
Radiguet
Maître-doigt
Jean-des-choux
Petit crotou !

Il suffit d'égrener ce petit texte en touchant les doigts de sa main pour faire découvrir au tout-petit que son corps peut être parlé, chanté, inventé.
Les mots récités semblent plus choisis pour leur sonorité, leur rythme interne, leurs ressemblances que pour leur sens. Pourtant les jeux de doigts, derrière des apparences simplistes, sont extrêmement subtils. Leur trame narrative, tout en énumérant les doigts, crée un rapport entre différentes sensations tactiles, kinesthésiques ou rythmiques. Le lien entre la voix et les mouvements permet à l'enfant, par exemple, de mesurer le temps : la petite bête qui monte et chatouille est attendue de pied ferme. L'enfant anticipe peu à peu le moment fatidique, au point de finalement mener le jeu.
Le corps devient à la fois partition et instrument. Récit, musique, mémoire corporelle, tout, dans le jeu de doigts, concourt à jouir d'un temps différent : « une attente que l'on ignore, mais une attente où l'on sait que ce qu'on ignore, sans qu'il soit connu, ne sera pas tout à fait inconnu, et est doux, s'en va et revient – et ne s'en va jamais que pour revenir. »[2] Si les petits réclament sans fin les mêmes jeux, en vous tendant la main, c'est que les sensations tant recherchées vont de pair avec une première compréhension du monde, une « pensée narrative », selon le linguiste Jérôme Bruner, qui associe une intrigue et une tension dramatique.

Corps nommé, bercé, dansé...

À pas de géant recèle par ailleurs nombre d'enfantines permettant aux enfants de prendre conscience des différentes parties de leur corps. Sur l'air d'*Un petit pouce qui danse*, elles sont tour à tour énumérées. L'adulte peut même introduire des devinettes, comme dans *Les sons du corps* : le simple fait de mettre en mouvement la partie du corps concernée met l'enfant sur la voie. Le corps est nommé, balancé, bercé, caressé, et, grâce à la comptine, l'enfant progresse dans son appréhension de l'espace.
Les comptines dans lesquelles l'enfant est face à l'adulte, en position de dialogue, sont utiles dès que celui-ci se tient assis. Les jeux de balancement et les sauteuses développent son sens du rythme, de la phrase mélodique, du geste précis dans le temps. *Bateau sur l'eau*, par exemple, garantit les sensations fortes : l'opposition entre le mouvement continu et bienveillant et la chute arrière, apporte un suspense et met en évidence des sentiments contradictoires de confiance et de peur. À la crèche, on remarque aussi l'importance de la balançoire qui recrée entre les enfants cet échange auparavant vécu avec leurs parents.
À la une dans la lune, sur laquelle on fait sauter l'enfant tenu sous les aisselles, offre l'espace d'une seconde l'illusion de l'envol. Que d'émotions !
L'enfant marche et découvre la latéralité, l'équilibre sur un pied, des façons bien différentes de se mouvoir comme dans *Il était une bergère* ou *Jean petit qui danse*, qui associent à l'exercice de repères spatio-temporels le plaisir de danser avec d'autres. L'enfant devient capable d'évoluer de façon mesurée dans l'espace. Ces chansons sont basées sur la répétition ; la mémoire des mots va de pair avec la mémoire des gestes, la virtuosité langagière avec l'exploration des exploits corporels dont les limites sont toujours repoussées. Avec quel bonheur elles disent et redisent le plaisir du corps dansé !

Musicalité et langage

Le babil, qui apparaît vers 7 mois, quand l'enfant reprend les syllabes de sa langue maternelle et entame une exploration vocale faite de dada, gaga, tata..., se prolonge au sein des comptines. « Mirlababi surlababo, mirliton ribon ribette... » écrivait Victor Hugo qui, comme d'autres poètes, s'est essayé au genre difficile de la comptine. Car ces petits textes, parlés ou chantés, sont de véritables fragments de musique. Ils empruntent la matière sonore des langues, amplifient sa musicalité naturelle et l'agrémentent d'une nouvelle parure. La musique guide alors la création verbale. L'ethnographe Arnold Van Gennep affirmait en 1943 : « Il n'est pas exagéré de dire que c'est grâce à ces formulettes, donc grâce au folklore, que l'être humain commence à passer de l'état de petit animal semi-conscient à celui d'être spécifiquement déterminé, en tant qu'Homo sapiens. »[3] Que penser alors de ces improvisations bruitées, ces *schplouf, schplaf* et *floc floc floc* ?

À l'instar des enfants, certains compositeurs n'hésitent pas, comme Steve Waring et sa *Tourterelle*, à jouer des onomatopées jusqu'à les rendre aussi mélodieuses qu'un faisceau de voyelles. De l'art des coassements aux roucoulements, il n'y a qu'un pas. Et si *Les grenouilles*, imaginées par Steve Waring en 1967, ont révolutionné le répertoire musical en direction des jeunes enfants, elles font désormais partie de la tradition. Pour l'enfant, il n'y a pas de différence entre les grommelots, claquements de langue, sifflements, roulades, imitations de bruits d'animaux ou d'objets et les sons du langage articulé, qui, malgré leur agencement arbitraire, alternent voyelles et consonnes, syllabes graves et aiguës, douces et criardes...

La langue maternelle, qui peu à peu modèle les productions vocales du tout-petit, reste toujours intimement liée au corps, aux sensations de plaisir ou de gêne, aux regards attendris ou absents, aux échanges de caresses, aux berceuses, qui forment un premier langage.

La poésie est un espace verbal où les adultes recréent ces sensations, ces images, ces premières enveloppes sensorielles. Les émotions, les intentions sont exprimées et transmises par le biais des inflexions, des accelerando, diminuendo... et de tout ce qui donne l'âme de la parole, hésitations, irritation, tristesse, peur...

La musique, tel un théâtre, met en jeu les conflits, les tensions et les détentes. Elle permet un jeu des affects : elle est pleurs, nostalgie, comme elle est rire ou fête. Elle permet aussi d'accéder à des expressions très subtiles que les mots n'arrivent pas toujours à traduire. Les paroles peuvent varier, la musique, elle, assure le mouvement, la répétition, la stabilité. Les mots sont eux aussi objets de jeu, de déplacements, de désordre, au même titre que le corps évolue dans l'espace, et modifie la perception que l'on en a. Poésie, comptines et jeux enfantins se rejoignent, structurés et mis en mouvement par la musique. Reprise en chœur pour affirmer son appartenance au groupe ou chantonnée à l'heure du coucher, la comptine, telle un doudou toujours accessible, apaise l'absence.

Premiers récits, premiers rituels

Souvent, les comptines racontent une histoire et mettent en scène des héros de toute nature : une cacahuète qui voudrait devenir danseuse, des microbes qui occupent le lit, un âne qui a mal à la tête, des ours qui, pour se laver, se frottent le bout du nez... Le monde animal au grand complet est investi d'intentions, d'actions et d'attitudes humaines. La pensée magique de l'enfant trouve ici matière à se développer. Après tout, le grand méchant loup a bien, lui aussi, le droit de s'habiller avant de retrouver ses instincts carnassiers ! Il n'est pas meilleur antidote contre la peur que de la rencontrer et de l'apprivoiser.

Les comptines oscillent donc entre fiction et réalité : on y raconte la vie d'antan, comme celle des lavandières ou du meunier, on y savoure les mots vieillis, désuets mais si mystérieux, on y rencontre des personnages historiques ou des petits lapins et on y côtoie ses pairs. Qui ne se souvient des comptines qui servaient à désigner ou éliminer un compagnon de jeu, des rythmes frappés sur ses cuisses ou dans les mains d'un camarade, des jeux de tresse, de corde ou de balle, agrémentés de formules fluides ou saccadées ? *Bonjour, ma cousine* est de ces classiques, où les questions de l'amour étant posées, on rencontre, l'un après l'autre, chaque membre du groupe.

Les jeux chantés permettent de se situer dans une relation à l'autre ou au groupe. En même temps qu'ils assurent à l'enfant un moyen d'expression individuelle, ils l'aident à construire le sens si difficile de l'altérité et à respecter les règles établies pour vivre ensemble. De nombreuses valeurs symboliques et sociales sont ainsi transmises.

Les comptines sont donc un excellent moyen d'aborder les relations sociales faites d'accord, de négociation, de renoncement ou d'opposition. L'amour peut ne pas durer toujours mais, sous l'angle du jeu, l'enfant se sent protégé.

- Tu m'aimes ?
- Non
- Tombe dans l'eau !
- Tu m'aimes ?
- Oui
- Reste dans mon bateau !

Si elles aident les plus jeunes à appréhender l'espace, certaines comptines permettent aussi de marquer le temps et les circonstances, comme l'heure du bain avec *Les ours bulles* ou le moment où l'on s'habille avec *P'tit bonhomme*.

D'autres comptines disent aussi le corps malade, le corps maladroit, parfois, quand il grandit, le corps qui change... *La chanson des dents de lait* raconte à l'enfant l'une de ces mystérieuses transformations du corps qui, comme tout rituel de passage, ne se fait pas sans douleur. Notons que cette création contemporaine, inspirée de *J'entends le loup, le renard et la belette*, reflète aussi la pratique d'invention verbale à partir d'airs traditionnels : ici l'andro breton, là un air de polka... Un peu à la manière des enfants qui, entre trois et cinq ans, s'amusent à manier les mots sur une mélodie connue, maintes fois répétée.

Trésors de la mémoire

Transmis de génération en génération par les grands-parents et parents ou par les enfants eux-mêmes, ces jeux de tradition orale, aujourd'hui répertoriés, ont repris une nouvelle vie. Reconnues par les linguistes et psychologues comme de véritables trésors pour l'humanisation des bébés, capables de créer et de nourrir les relations entre adultes et enfants, les comptines renaissent dans les écoles, les crèches, à la maison. L'adulte peut y intégrer les premières expressions vocales de l'enfant et, par là même, y retrouver les émotions de sa propre enfance. Les chanteurs d'aujourd'hui ne s'y sont pas trompés, qui renouvellent le genre avec bonheur.

Jouer avec les doigts, les mains, les bras, le visage, la bouche, les lèvres, la langue, le souffle, les pieds, les jambes, les genoux, les cuisses, les fesses, le ventre, le dos ; se balancer, sauter, attraper, courir, se laver, danser la polka, s'habiller, repasser, aller au marché, ouf !
Après tout ça, vous serez bien fatigués, mais laissez-vous bercer d'une chanson à l'autre, d'un univers à l'autre. Le corps est investi et mis en musique de multiples façons, qui raviront autant les bébés que les plus grands. Voilà l'occasion de beaux échanges en famille, entre fratries mais aussi entre générations. Les grands-parents auront à cœur de retrouver ces comptines de la prime enfance, et sûrement autant de plaisir à en découvrir de nouvelles. Ainsi passent les années mais pas l'amour des jeux de l'enfance...

Chantal Grosléziat
Directrice de Musique en herbe

Bibliographie

- *Enfantines*, M.-C. Bruley, L. Tourn, L'école des loisirs
- *Les Comptines de langue française*, Seghers
- *Les plus belles comptines des Petits Lascars*, Didier Jeunesse
- *1, 2, 3... Comptines !*, Érès
- *Rimes et comptines*, E. Resmond Wenz, Érès

1. Dictionnaire *Le Petit Robert*, 1992.
2. Pascal Quignard, *La leçon de musique*, Paris, Hachette, 1987, p. 71.
3. Arnold Van Gennep, *Manuel de folklore français contemporain*, Paris, Éditions Auguste Picard, 1943, T. 1, p. 162.

Enroulez le fil
CD 1

Enroulez le fil,
Et déroulez le fil,
Et tire, et tire,
Et tape, tape, tape.

La la la la la la la...

*Mouliner les avant-bras dans un sens,
puis dans l'autre.
Mimer le geste de tirer un fil vers le haut.
Marteler les poings en alternance.*

Les ours bulles

CD 2

Cinq petits ours à la rivière
S'en allaient se débarbouiller.](bis)
Ils se posaient sur leur derrière
Et se frottaient le bout du nez.](bis)

Quatre petits ours à la rivière [...]
Trois petits ours [...]
Deux petits ours [...]
Un petit ours [...]

Refrain :
Et schplouf,
Et schplaf,
Et floc, floc, floc,
Vrrrrr...
Frottez, lavons.
Lavez, frottons.
Qu'ils sont mignons les petits oursons,](bis)
Entourés de bulles de savon.

Laurent Jouin

Paroles et musique : Laurent Jouin

Petite cacahuète
CD 3

Petite cacahuète va danser tous les mercredis,
Mais son professeur a des soucis.
Elle n'est pas douée pour faire des bonds,
Des petits pas, des entrechats, des jolies ailes de pigeon.

Petite cacahuète voudrait bien être un papillon,
Hélas, elle manque de dispositions.
Les bras en l'air, les pieds tordus,
Elle s'envole et dégringole en faisant craquer son p'tit tutu.

Petite cacahuète n'est pas du tout découragée,
Malgré une bosse sur le nez.
Elle repart en s'trémoussant,
Elle répète sur ses claquettes des petits pas et même des grands.

Maintenant quand elle va danser le mercredi,
C'est un vrai oiseau de paradis.
Et ses amis enthousiasmés battent des mains, battent des pieds,
Vraiment, elle danse comme une fée.

Pour réussir faut persévérer.

Ricet Barrier

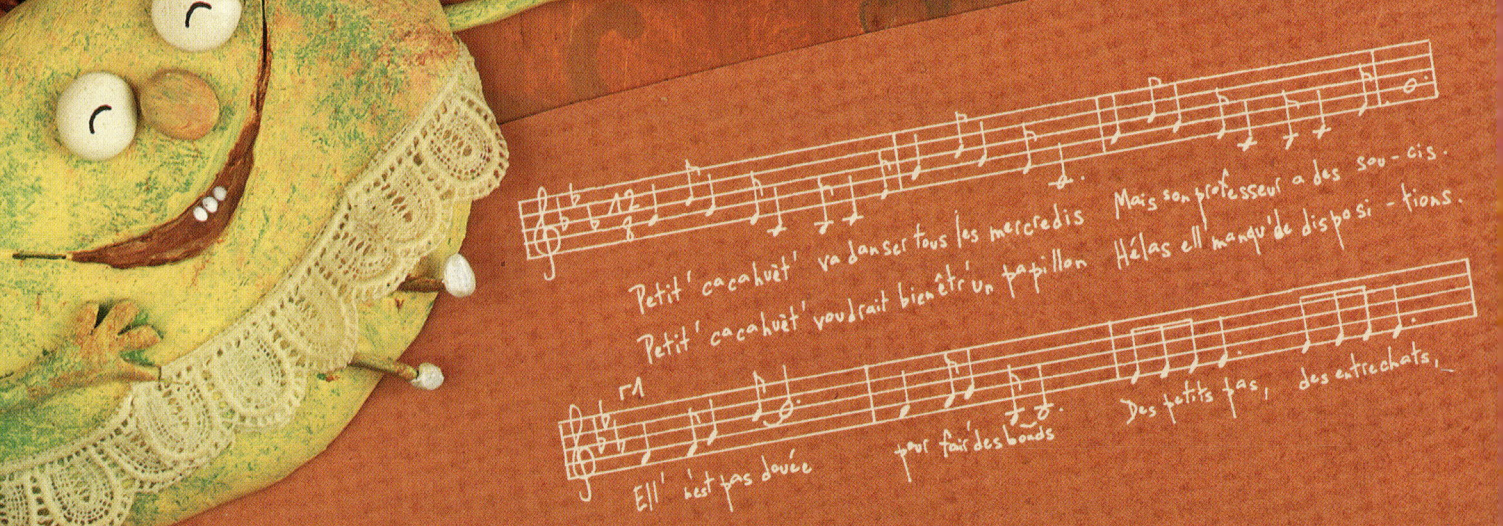

Bonjour, ma cousine
CD 4

– Bonjour, ma cousine.
– Bonjour, mon cousin germain.
On m'a dit que vous m'aimiez,
Est-ce bien la vérité ?

– Je n'm'en soucie guère,
Marchand d'pommes de terre.
Passez par ici et moi par là,
Au r'voir ma cousine, on s'reverra !

Cette comptine peut se danser en chaîne anglaise, avec une série de couples.
Dans la première partie, chaque couple se serre la main droite, puis la gauche.
Puis, chacun croise les bras et agite l'index droit, l'air interrogatif.
Dans la seconde partie, chaque couple fait un tour de polka bras dessus bras dessous
dans un sens, puis dans l'autre et, à la fin, chacun change de partenaire.

Bonjour ma cousi-ne Bonjour mon cousin germain On m'a dit que vous m'aimiez
Est-ce bien la vérité ? Je m'en soucie guè-re Marchand d'pomm' de terre
Passez par ici et moi par là Au r'voir ma cousin' on s'reverra.

Tu m'aimes ?
CD 6

– Tu m'aimes ?
– Non
– Tombe dans l'eau !
– Tu m'aimes ?
– Oui
– Reste dans mon bateau !

Tenir le bébé, bras levés,
et le monter vers le ciel.

En bateau ma mie
CD 5

En bateau ma mie, ma mie,
En bateau ma mie sur l'eau.
Quand il y a des grosses vagues,
Le bateau fait plouf dans l'eau.

Tenir l'enfant sur ses genoux et le balancer.
À la fin, ouvrir les genoux pour le faire chavirer.

À la une, dans la lune

CD 7

À la une,
Dans la lune,
À la deux,
Dans les cieux !

*Prendre le bébé
dans les bras
et le lever vers le ciel.*

Les sons du corps

CD 8

Comment ?
Tu n'as pas d'instrument
Et tu te demandes comment
T'occuper, petit garnement.
Écoute tout autour de toi :
La musique est au bout des doigts
Regarde tes cuisses, tes bras,
Tes joues, ta tête, tu m'as compris ?
Non, tu donnes ta langue au chat.

Eh bien, joue donc avec tout ça.

Bien sûr,
Il faut de l'huile de …
Ne pas jouer par-dessus la …
De préférence rien dans le …
Pas de poil au creux de la …
Un petit sseveu ssur la …
Pas de poil au creux de la …
Surtout ne tends pas l'autre …
Tu pourrais t'en mordre les …

Tu vois
Pas besoin d'être expert
Sortir d'la … de Jupiter
Ni de jouer les fiers à …
Ou de prendre les jambes à son …
Si le solfège est inhu…
Il ne faut pas que tu t'en…
Mieux vaut parler avec les …
Que de chanter comme une casserole.

Henri Copin, Henri Philibert, François Barré

Taper successivement les parties du corps évoquées. Les mots à deviner (coude, jambe, ventre, main, langue, main, joue, doigts, cuisse, bras, cou, main, tête, mains) sont percutés et non chantés.

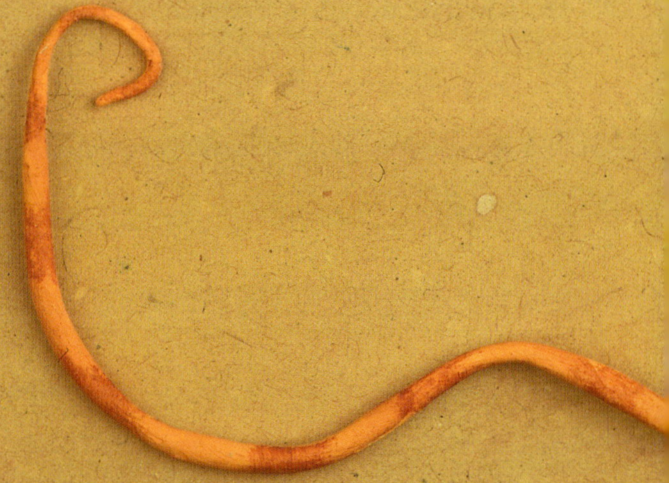

Promenons-nous dans les bois

CD 9

Refrain :
Promenons-nous dans les bois,
Pendant que le loup n'y est pas.
Si le loup y était,
Il nous mangerait,
Mais comme il n'y est pas,
Il nous mang'ra pas.
Loup y es-tu ?
Entends-tu ?
Que fais-tu ?

– Je mets mes chaussettes !

– Je mets ma culotte !

– Je mets ma chemise !

– Je mets mon pantalon !

– Je mets mes chaussures !

– Je mets mon pull-over !

– Je mets mon manteau !

– Je mets mon chapeau !

– Je sors !

Le bœuf
CD 10

Le bœuf,
La vache,
Tch'ola qui les détache,
Tch'ola qui les mène au champ,
Et le petit qui court devant !

*Désigner les doigts un à un
en commençant par le pouce.*

Ah hue, ah hue
CD 11

Ah hue, ah hue, mon p'tit tutu
Pour aller à Montaigu.*
Ah hue, ah hue, ma grosse jument
Pour aller à l'Herbergement.*
Le pas, le pas,
Le trot, le trot, le trot,
Le galop, le galop, le galop, le galop...

*Tenir l'enfant à califourchon
sur ses genoux et l'entraîner au pas,
au trot et au galop...*

* Villes de Vendée

À la danse
CD 12

À la danse,
Allons, courons, jouons,
Les filles et les garçons !

La polka des bébés

CD 13

Les genoux, les mains,
Un, deux, trois,](bis)
Avec mon index,
Avec l'autre index,
Et je tourne sur moi-même.

Les genoux, les mains,
Un, deux, trois,](bis)
Avec mon index,
Avec l'autre index,
Tourne, tourne, recommencez !

Yves Prual,
d'après un air traditionnel breton

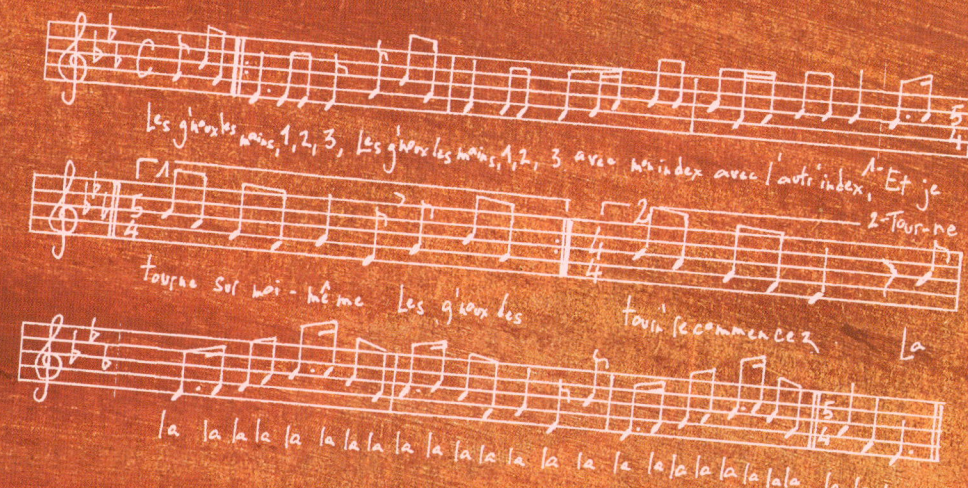

Faire une ronde.
À deux, en face à face, taper sur ses genoux,
puis dans ses mains.
Taper dans les mains de l'autre,
paumes contre paumes.
Agiter un index, puis l'autre.
Tourner sur soi-même.

Jean Petit
CD 14

Jean Petit qui danse (bis)
De son doigt, il danse (bis)
De son doigt, doigt, doigt (bis)
Ainsi danse Jean Petit.

De sa main [...]
De son bras [...]
De son ventre [...]
De ses fesses [...]
De ses pieds [...]
De son corps [...]

Folklore gascon

Faire danser chaque partie du corps (en suivant le meneur de jeu).

Bisouillé chatouillé
CD 15

Chœur :
**Bisouillé chatouillé
Bisou, bisou, bisou, bisou, bisou, bisou
Bisouillé chatouillé bisouillé**

On est débarbouillé,
Bisouillé chatouillé,
On s'savonne et ça y est :
On est débarbouillé !

On est tout tout mouillé,
Bisouillé chatouillé,
On barbote et ça y est :
On est tout tout mouillé !

On est bien essuyé,
Bisouillé chatouillé,
On se frotte et ça y est :
On est bien essuyé !

On est bien habillé,
Bisouillé chatouillé,
On s'boutonne et ça y est :
On est bien habillé !

*Chantal Grimm,
d'après une berceuse aïnou
(Sibérie orientale)*

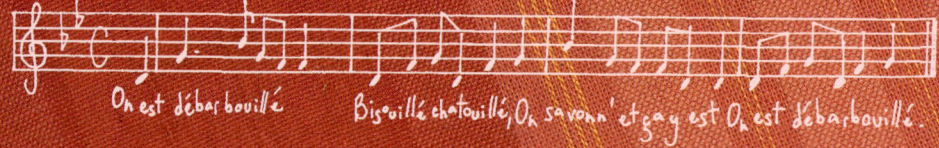

Œil coquin
CD 16

Œil coquin
Œil malin
Nez crotté
Bouche d'argent
Menton fleuri
Petits doigts du paradis
Guili, guili...

*Effleurer les yeux, le nez,
la bouche, le menton de l'enfant,
et finir par des chatouilles dans le cou.*

Tape, tape, tape
CD 17

Tape, tape, tape ton pied,
Tape ton pied par terre.
Tape, tape, tape ton pied,
Tapons tous ensemble. (bis)

Refrain :
La, la, la, la, la, la...

Frappe, frappe, frappe ta main,
Frappe ta main dans l'autre. [...]

Hoche, hoche, hoche ta tête,
D'un côté, de l'autre. [...]

Saute, saute, saute en l'air,
Le plus haut possible. [...]

Roule, roule, roule-toi,
Roule-toi par terre. [...]

*Olivier Lataste,
d'après une danse traditionnelle américaine*

Un petit pouce qui danse
CD 18

Un petit pouce qui danse (ter)
Et ça suffit pour s'amuser.

Une petite main [...]
Un petit ventre [...]
Un petit pied [...]

Faire danser successivement chaque partie du corps.

Trampolino
CD 19

Refrain :
Trampolino, Trampolino,
Tapez dans les mains, sautez à pieds joints.
Trampolino, Trampolino,
Qui sautera le plus haut ?

J'ai vu deux kangourous
Passer devant chez nous
Avec leurs enfants-caoutchouc.
Ils sortaient du zoo
Avec leur sac à dos
Faire un tour dans le métro.

Sur le dos de mon chien
J'ai vu de bon matin
Une puce faire du tremplin.
Je lui ai demandé
Où elle comptait aller,
Elle m'a piqué le bout du nez.

Pierre Lozère

Paroles et musique : Pierre Lozère

Tourterelle
CD 20

Tourterelle, tourtereau,
Tu dors la tête dans les ailes.

Refrain :
Tourterelle, tourtereau,
Tourterelle, tourterrrrrrreau !

Tourterelle, tourtereau,
T'as un collier mais pas d'bretelles.

Tourterelle, tourtereau,
Quand tu hoches la tête, t'es belle.

Tourterelle, tourtereau,
Quand tu ris, tu bats des ailes.

Tourterelle, tourtereau,
Ta chanson, c'est comme du miel.

Tourterelle, tourtereau,
J'ouvre la cage, tu prends le ciel.

Steve Waring

Sur le refrain, croiser les deux mains à plat, pouces emboîtés, et les remuer pour imiter les ailes qui battent. Sur « rrrrrreau », les lever pour figurer l'envol.

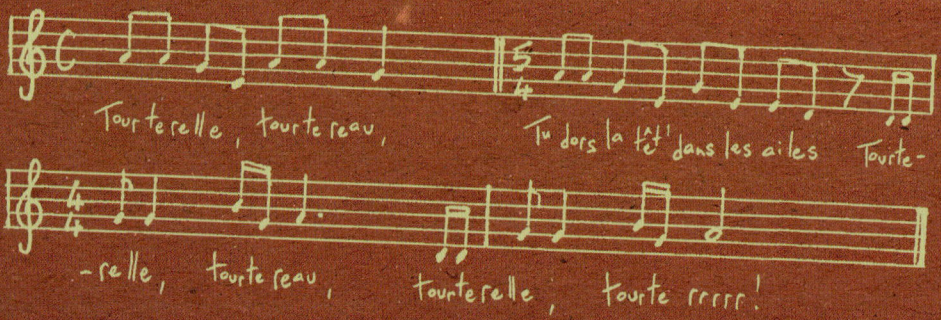

Paroles et musique : Steve Waring

39

Tape, tape, ma commère

CD 21

Tape, tape, ma commère
Tape mon beau linge blanc
Tords-le comme ceci
Et rince-le bien
On repassera demain.

*« Taper » le linge amplement
de haut en bas, avec l'avant-bras.
Avec les deux mains, tordre le linge,
puis le plonger pour le rincer.
Mimer le geste de la repasseuse.*

Poucet
CD 22

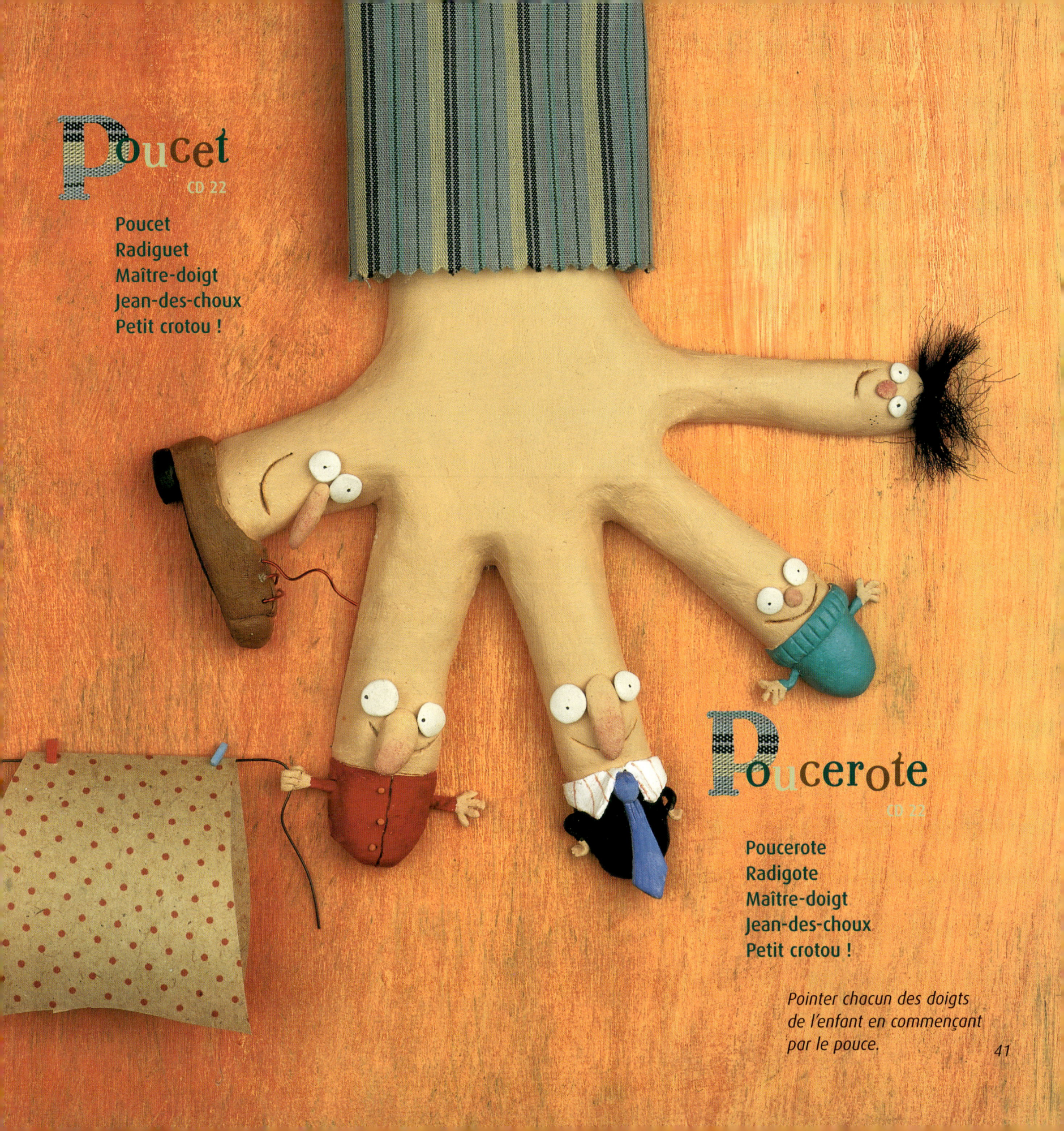

Poucet
Radiguet
Maître-doigt
Jean-des-choux
Petit crotou !

Poucerote
CD 22

Poucerote
Radigote
Maître-doigt
Jean-des-choux
Petit crotou !

Pointer chacun des doigts de l'enfant en commençant par le pouce.

Mains sur le cœur
CD 23

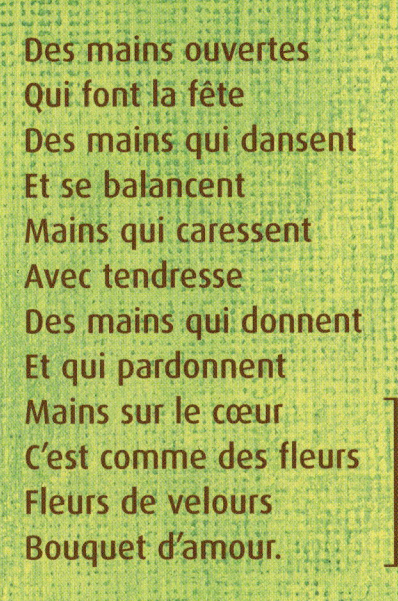

Des mains ouvertes
Qui font la fête
Des mains qui dansent
Et se balancent
Mains qui caressent
Avec tendresse
Des mains qui donnent
Et qui pardonnent
Mains sur le cœur
C'est comme des fleurs
Fleurs de velours
Bouquet d'amour. (bis)

Des mains qui griffent
Des mains qui giflent
Des mains qui frappent
Des mains qui tapent
Des mains fermées
Sans rien donner
Des mains qui brisent
Et qui détruisent
Des mains colère
Qui font la guerre
Et qui déchirent
Y a rien de pire. (bis)

Pierre Chêne

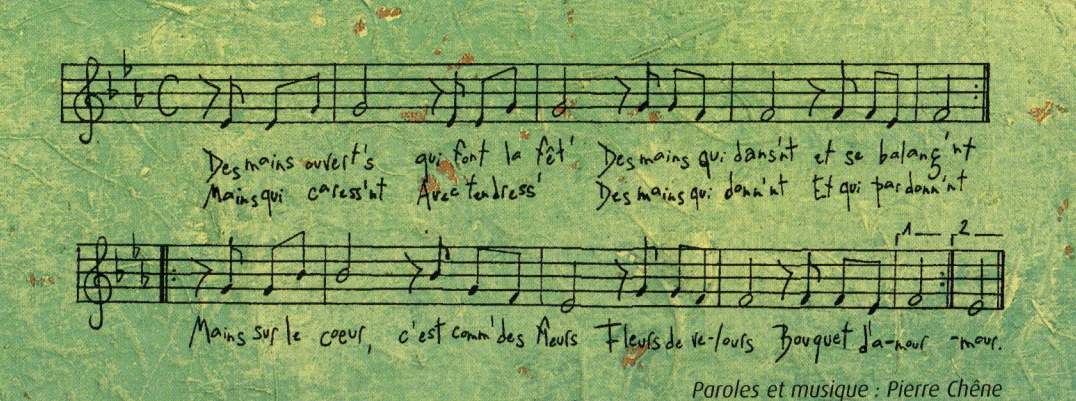

Paroles et musique : Pierre Chêne

Il était un' bergère qui allait au marché Ell' portait sur sa tête Trois

Il était une bergère
CD 24

Il était une bergère
Qui allait au marché.
Elle portait sur sa tête
Trois pommes dans un panier.
Les pommes faisaient rouli, roula.
Les pommes faisaient rouli, roula.
Stop !
Trois pas en avant, trois pas en arrière,
Trois pas sur l'côté, trois pas d'l'aut'côté.

Avancer les mains sur la tête.
Au « Stop », faire trois pas dans chaque direction.

Trois microbes
CD 25

Refrain :
Trois microbes sur mon lit
Se consultent bien assis.

L'un s'appelle Scarlatine
Il parle d'une voix fine.
L'autre s'appelle Rougeole
Et prend souvent la parole.
Et le troisième Oreillons
Ressemble à un champignon.

Ils discutent pour savoir
Lequel dormira ce soir
Dans mon beau petit lit blanc.
Mais fuyons tant qu'il est temps.
Ces trois microbes ma foi
Dormiront très bien sans moi.

Jean-Louis Vanham

Ressembl'à un champignon. Ils discutent pour savoir   Lequel dormira ce soir dans mon beau petit lit blanc.
Mais fuyons tant qu'il est temps c'est trois microbes ma foi.   Dormiront très bien sans moi.

Paroles : Jean-Louis Vanham / Musique : François Barré

La chanson des dents de lait
CD 26

C'est ma premièr' dent qu'est tombée ⎤ (bis)
Une jolie petite dent de lait   ⎦
Je la mettrai ce soir sous mon oreiller ⎤ (bis)
Elle se chang'ra en pièce de monnaie   ⎦

C'est ma deuxièm' dent qu'est tombée […]

C'est ma troisièm' dent qu'est tombée […]

J'ai trois petites dents qui ont repoussé ⎤ (bis)
Ce ne sont pas des dents de lait   ⎦
C'est plus joli quand je souris   ⎤ (bis)
Je les garderai toute ma vie.   ⎦

*Renée Mayoud,
d'après un air traditionnel*

Cinq petites souris
CD 27

Cinq petites souris sur ma main
Le gros chat les a prises
Tant pis !

*Faire danser ses doigts sur la main de l'enfant,
puis avec l'autre main les attraper.*

49

Marionnettes
CD 28

Quand les marionnettes font la fête,
Elles font danser leurs petites mains.
1, 2, 3, les petites mains qui dansent,
1, 2, 3, les petites mains, dansez !

[...] leurs petits bras.
[...] leurs petits pieds.
[...] leur petite tête.
[...] leurs petites fesses.
[...] la marionnette.

Marie-Claude Clerval

Faire danser chaque partie du corps.
Sur « la marionnette »,
danser avec le corps tout entier.

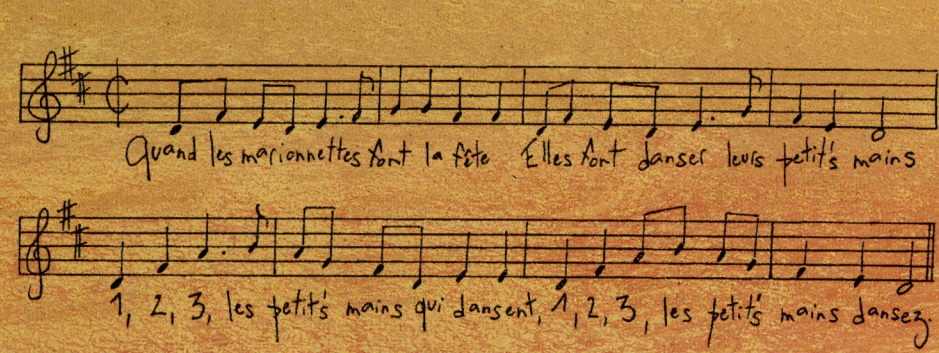

Paroles et musique : Marie-Claude Clerval

51

Mon âne
CD 29

Mon âne, mon âne, a bien mal à sa tête
Madame lui a fait faire un bonnet pour sa fête
Un bonnet pour sa fête
Et des souliers lilas la la
Et des souliers lilas.

Mon âne, mon âne, a bien mal aux oreilles
Madame lui a fait faire une paire de boucles d'oreilles
Une paire de boucles d'oreilles
Un bonnet pour sa fête
Et des souliers lilas la la
Et des souliers lilas.

Mon âne, mon âne, a bien mal à ses yeux
Madame lui a fait faire une paire de lunettes bleues [...]

Mon âne, mon âne, a bien mal à ses dents
Madame lui a fait faire un râtelier d'argent [...]

Mon âne, mon âne, a mal à l'estomac
Madame lui a fait faire une tasse de chocolat [...]

Pointer chaque partie du corps.

53

Une aiguille, je te pique

CD 30

Une aiguille, je te pique,
Une épingle, je te pince,
Une agrafe, je t'attrape !

Prendre la main de l'enfant, paume vers le bas.
La piquer délicatement.
La pincer doucement.
La saisir brusquement.

Alouette
CD 31

Alouette, gentille alouette,
Alouette, je te plumerai.
Je te plumerai la tête. (bis)
Et la tête, et la tête !
Alouette, alouette !
Ah ah ah ah…

Alouette, gentille alouette,
Alouette, je te plumerai.
Je te plumerai le bec. (bis)
Et le bec, et le bec, et la tête, et la tête,
Alouette, alouette !
Ah ah ah ah…

Je te plumerai
Le cou […]
Le ventre […]
Le dos […]
Les ailes […]
La queue […]

Désigner les parties du corps à plumer en les accumulant.

P'tit bonhomme
CD 32

Refrain :
P'tit bonhomme, habille-toi
Sinon tu vas, tu vas prendre froid
Si tu ne t'habilles pas
Ton nez coulera
Et puis, crac, tu seras patraque.

Alors, que fais-tu ?
– Je mets mon manteau !

Alors, que fais-tu ?
– Je mets mon écharpe !

Alors, que fais-tu ?
– Je mets mon bonnet !

Maintenant tu es prêt
On va pouvoir aller se promener
Bien emmitouflé, un peu engoncé
Tu verras, tu s'ras tout réchauffé.

Les Rondines

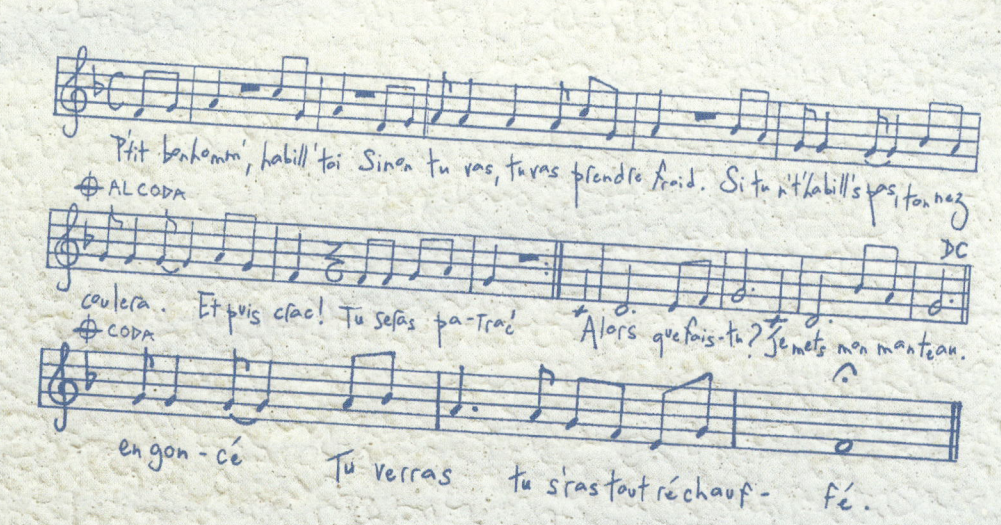

Paroles : Les Rondines / Musique : Nadège Duriez

57

Table des chansons d'auteur

- p. 13 • **Les ours bulles**, paroles et musique de Laurent Jouin, extrait du CD *Les Ours du Scorff*, Naïve.
- p. 14 • **Petite cacahuète**, paroles et musique de Ricet Barier.
- p. 20 • **Les sons du corps**, paroles de Henri Copin, Henri Philibert et François Barré ; musique de François Barré, extrait du tarataratorio *Anchechantetchatche*.
- p. 27 • **La polka des bébés**, musique traditionnelle, paroles d'Yves Prual.
- p. 30 • **Bisouillé, chatouillé**, paroles de Chantal Grimm, d'après une berceuse aïnou (Sibérie orientale).
- p. 32 • **Tape, tape, tape**, musique traditionnelle, paroles d'Olivier Lataste.
  Avec l'aimable autorisation des Éditions JM Fuzeau, 79440 Courlay.
  Chanson extraite du CD *Le serpent à sornettes*, www.musique-education.com
- p. 36 • **Trampolino**, paroles et musique de Pierre Lozère. © Éditions Marypierre, www.papaclown.com
- p. 38 • **Tourterelle**, paroles et musique de Steve Waring. © Le chant du monde.
- p. 42 • **Mains sur le cœur**, paroles et musique de Pierre Chêne.
- p. 46 • **Trois microbes**, paroles de Jean-Louis Vanham, musique de François Barré. © Éditions Résonances, CH-2036 Cormondrèche, resonances@net2000.ch
- p. 48 • **La chanson des dents de lait**, musique traditionnelle, paroles de Renée Mayoud.
  Avec l'aimable autorisation des Éditions JM Fuzeau, 79440 Courlay.
  Chanson extraite du CD *Le serpent à sornettes*, www.musique-education.com
- p. 50 • **Marionnettes**, paroles et musiques de Marie-Claude Clerval.
- p. 56 • **P'tit bonhomme**, paroles d'un collectif d'auteurs, musique de Nadège Duriez. Extrait du CD *Les Rondines*, Maison des quartiers des Pyramides : 2, rue Champollion, 85000 La Roche-sur-Yon.

Nous remercions les auteurs et les éditeurs qui nous ont permis de reproduire des textes dont ils conservent les droits. Malgré nos recherches, il ne nous a pas été possible de retrouver les ayants droit de certains d'entre eux. Le cas échéant, qu'ils se mettent en rapport avec nous.